スノーボード
フリーラン最強テクニック
動画で身につくプロのスキル

稲川光伸　監修

JN011804

メイツ出版

SNOWBOARD

自由で楽しい！
フリーランをもっと上達！

FREE RIDING

スノーボードは、遊びの宝庫です。
たくさんの楽しみ方があります。
圧雪されたバーンをキレッキレのカービングターンで滑る。
フカフカのパウダーを気持よく飛ばしながら滑る。
変化のある地形を登ったり、コブ斜面や不整地に果敢に挑む。
ゲレンデにある起伏でジャンプをしたり、グラトリを試したり。
スノーボードパークに入って、ジャンプやBOX、レールにチャレンジしたりと、
滑る方法は1つではありません。
自由なスポーツ、それがスノーボードです。

これだけ魅力的なスノーボードを
もっとワクワクさせるには、滑りのレベルを高めていかなければなりません。
ベーシックなターン技術もそうですし、フリーライディングやトリックにも
上達するためのポイントがあるのです。
本書は、多くのスノーボーダーから悩みを聞き、
その中から厳選して上達のコツをお答えしています。
スノーボードを今より100倍楽しむために、
マナーを守って、技術をレベルアップさせる。
"究極の遊び"、真のフリーライディングを身につけましょう。

稲川光伸

※本書は2016年発行の『DVDで完全マスター!
スノーボード　フリーラン最強テクニック』
の動画コンテンツの視聴方法と書名を変更
して新たに発行したものです。

QR動画の観方 ·····

本書の内容の一部は、動画にて滑りのポイントを見ることができます。
該当するページにあるQRコードをスマホやタブレットのカメラやバー
コードリーダー機能で読み取り、動画を再生してください。

動画をチェック！

QRコードを読み取る

1 カメラを起動
スマホやタブレットのカメラやバ
ーコードリーダーを起動します

2 QRを読み取るモード
「読み取りカメラ」など、QRコー
ドを読み取れるモードにします。
機種によっては、自動で読み取る
こともできます

3 画面にQRコードを表示
画面にQRコードを表示させ、画
面内におさめます。機種によって
は時間のかかるものもあります

4 表示されるURLをタップ
表示されたURLをタップすると
YouTubeに移動します。動画を再
生してご覧ください

Part1
ベーシックターン
上達の Q & A

まずはゲレンデを安全に滑るために。
ターンの悩みを解決！

フリーランを楽しむには、
滑りの基本をしっかり身につけよう！

Question 常にボードが安定する
ポジション取りは？

動画をチェック！

Answer # カラダの中心を両足の
センターに持ってくる

POINT 1 センターポジションで
連続ターンをする

ニュートラルポジションであるセンターに乗った状態で滑走する。ただし、斜面に対応するために姿勢を高くしたり低くしたり状況に応じて変化させる。

　ポジションとは、ボードをしっかり操作できたり、バランスが良く安定を保つことができる位置に乗ることです。滑走中の正しいポジションとは、ボードのセンターに乗ることです。常にセンターに乗ることを意識して滑走することがとても大切です。

　ポジションが悪いと、ボード操作が思うようにできず、バランスが不安定になります。そのために、カラダの中心をボードのセンターに乗せることを意識します。

ボードの真上に乗りヒザ、股関節を曲げた姿勢をキープ

頭や上半身がかぶってしまうような姿勢になると、ボードを正しく操作できない。自分のカラダをボードの真上に乗せ、ヒザと股関節を適度に曲げた姿勢をキープする。

後傾ポジションだとボードは操作不可能

ボードが操作できない理由の1つとしてあるのが後傾ポジション。右肩が下がった姿勢にならないよう、ボードのセンターにポジションをおくことを意識する。

稲川光伸の
ワンポイントアドバイス!

常にボードの
センターにいることを
意識しよう!

ここに注目

□カラダの中心が両足のセンターにあるか
□ヒザと股関節を適度に曲げた姿勢になっているか
□後傾になっていないか

コツ 02

Question いち早く連続ターンが
できる方法は？

動画をチェック！

Answer サイドスリップから上半身を
ターンして行きたい方向にひねる

進行方向

POINT 1
**上半身をターン
方向にひねる
先行動作が大事**

サイドスリップ状態か
ら上半身をターンして
行きたい方向にひねり、
ボードの先端が斜面の
下にずり落ちてきたら
後ろ足を蹴り出し、上
半身をひねり戻す。

　カラダをひねるとノーズが斜面の下にず
り落ちていきます。その瞬間、後ろ足を斜
面の下に蹴り出します。蹴り出したと同時
に、上半身と下半身を逆にひねっていきま
す。これが、逆ひねりの状態と言います。

　そして、次のターンに進むときは、上半
身をターンの行きたい方向にひねっていき
ます。そうすることで、ノーズが自然と斜
面に落ちていきます。ボードが落ちたとこ
ろで、後ろ足を蹴り出しましょう。

POINT 2

ノーズが落ちたら後ろ足を蹴り出す操作をする

連続ターンは、上半身を行きたい方向にひねっていく。そうすることでノーズが落ち、そこで後ろ足を蹴り出し上半身と下半身を逆にひねる。

 ここに注目

□ カラダをターン方向にひねる先行動作
□ ノーズが落ちたら、そのひねりを戻しながら後ろ足を蹴り出す動作

動画をチェック！

スピードを自在にコントロールするには？

雑巾を絞るように上半身と下半身を逆にひねってコントロールする

1 2

POINT 1

前足に軸を作り後ろ足を振り出す

前足を固定し軸を作り、後ろ足であるテールを左右に動かす。このとき、上半身をしっかり動かして逆ひねりを作る。

進行方向

　急斜面では暴走してしまうことがあります。暴走しないようスピードコントロールするには、テールをずらして滑ることで可能になります。テールをスライドさせるテール・スイング・ターンは、上半身と下半身を逆にひねることがポイントです。そして、車のワイパーのイメージを持って、前足に軸を作り後ろ足を振り出していきます。スピードがしっかり落ちるまでテールを大きく振り出します。

テール・スイング・ターンでスピードコントロール

テール・スイング・ターンのポイントは、上半身と下半身を雑巾を絞るかのようにひねる動作。こうすることで、テールがスライドしてしっかりスピードを抑えて滑ることができる。

稲川光伸の
ワンポイントアドバイス！

上半身を動かして、
後ろ足を大きく振り出そう！

ここに注目

□前足を軸にしてテールをスライドさせている
□上半身と下半身の逆ひねり

コツ **04**

Question

日頃から取り入れられる
ターン上達法は？

動画をチェック！

Answer

両足同時にエッジを立てる練習法。
エッジ・トゥ・エッジとヘリコプター

1 2

TRAINING 1

エッジ・トゥ・エッジ・ターン
両足同時にエッジを立てていく

両足同時にエッジを立てる練習。ヒールサイドのときは背中を丸めながら両手を前に出す。トゥサイドのときは、両腕を背中側に持ってきて、おへそを前に出すようにする。

キレ味の鋭いカービングターンでゲレンデを滑走するのは誰もが身につけたいテクニックでしょう。シャープなターン弧を描くカービングターンの導入として、エッジを立てる動作である角付けが重要になります。

ボードをしっかり傾け、雪面にエッジを食い込ませていく動作になりますが、ここで紹介するオススメの練習法は2つ。これでエッジの使い方を磨いていきましょう。

16

ヘリコプター
ボードをくるくる回して
エッジの感覚をつかむ

ヘリコプターは、自分のカラダの下でボードをくるくる回して滑るテクニックだ。回転したい方向に体重を乗せていく。ノーズが落ちてきたら両足のつま先でエッジを踏み、そして、切り替えながらカカトで角付けしていく。この練習ができるようになるとエッジの使い方がみるみる上達する。

稲川光伸の
ワンポイントアドバイス！

エッジを立てることができれば、
カービングターンも目前だ！

ここに注目

□雪面にエッジを立てる動作
□エッジを両足同時に立てる
□エッジ動作の感覚をつかむ

17

Part 2
カービングターン
上達の Q & A

どうすればキレ味鋭いターンになるのか。
カービングターンの悩みを解決！

質の高いカービングターンは
角付け操作と重心移動がポイント！

05 ヒールサイドターンを
安定させるには？

動画をチェック！

胸を開いて前の手を先行させた フォームを意識して滑る

POINT 1 目線と前の手を 先行させる

ターン前半で目線をターン方向に先行させることがポイント。前の手で導きながら、ターン後半で胸とヒザを近づける。

　カービングでのヒールサイドターンは、ターンを安定させるために胸を開き、前の手と目線を先行させることを意識したフォームで滑ります。ヒザと胸を近づけた状態をキープするのがポイントです。

　この前の手を先行させずに残り、カラダが止まってしまっているフォームになると、ノーズが雪面に詰まって転びやすくなるので注意しましょう。

胸とヒザの距離が遠いと不安定になる

前の手が先行しないとカラダが止まってしまい転びやすくなる。また、胸とヒザの距離感が遠すぎて、頭と上半身が倒れてしまうと内倒してしまう。胸とヒザを近づけた状態をキープして滑ろう。

NG
逆ひねり

NG
内倒

稲川光伸の
ワンポイントアドバイス!

**胸をヒザに近づけると
バランスがとれるよ!**

ここに注目

□胸を開いて前の手を先行させている
□目線も先行させている
□胸とヒザを近づけた状態をキープしている

トウサイドターンを安定させるには？

山側の腕を上げることで上体が安定ししっかりとエッジングできる

POINT 1 山側の腕が自然に上がったフォーム

上体を起こして胸をやや進行方向に向けて、山側の腕が自然に上がったフォームでターンすれば、エッジに乗りやすくボードが走る。

　カービングでのトウサイドターンは、カラダをターン内側に倒して角付けしていくターンのため、つい上半身を大きく折り曲げすぎてしまいがちです。上体を折り曲げてしまうと内倒しエッジングが不安定になるため、ターンするときは、山側の腕と肩を上げた状態を作りましょう。こうすることで、バランスが取れ、エッジングが安定します。ターン中はバランスを取り続けることが重要になります。

内倒するとエッジが抜けてしまう

雪面に手をつけてしまうような内倒のフォームになると、エッジングが不安定になり、ボードが抜けてしまう。これだと、ボコボコした荒れたバーンでも、ボードを安定させることができない。もちろん背中を反りすぎても安定感は保てない。

NG
内倒

NG
背中を
反りすぎる

稲川光伸の
ワンポイントアドバイス！

後ろの手
（レギュラーの人は右手）を
上げることでバランスを
キープしよう！

ここに注目

☐ 上体を起こして胸を進行方向に向ける
☐ 山側の腕を上げる
☐ 内倒したり背中を反りすぎない

動画をチェック！

 Question スムーズにヒールサイドから
トウサイドターンへ切り替えるには？

 Answer 後ろ足のヒザを雪面に近づけるように
骨盤を移動させて重心移動する

POINT 1 骨盤を移動させながら
切り替える

ヒールサイドから骨盤を移動させなが
ら切り替えることで、トウサイドター
ンへスムーズに移行できる。

骨盤

2 1

ヒールサイドからトウサイドターンへの
スムーズな切り替えは、重心移動がポイン
トになります。ヒールサイドターンで山回
りしたあと、姿勢を安定させたまま、重心
である骨盤をつま先側に移動させていきま
す。カカト側からつま先側へとスライドさ
せて移動するイメージです。切り替え時の
もう1つのポイントは、骨盤の移動ととも
に、後ろ足のヒザを雪面に近づける意識を
持つとエッジが立ってきます。

後ろヒザを雪面に近づける

重心移動をするとともに、後ろ足のヒザを曲げて雪面に近づけていくイメージを持つとエッジが立ってくる。

骨盤に手を当てて滑る

お尻の位置がボードの上に残ると切り替えできなくなる。重心位置をターンの内側に運ばなければならないので、骨盤の移動を強く意識するために、骨盤に手を当てて滑ってみよう。

稲川光伸の
ワンポイントアドバイス！

切り替えは
骨盤を意識して
移動させよう！

ここに注目

□ 骨盤をつま先側に移動させる
□ 後ろヒザを雪面に近づける
□ 骨盤に手を当て意識する

コツ 08

Question
スムーズにトウサイドからヒール
サイドターンへ切り替えるには？

Answer
胸と前の手、目線を進行方向に
向けるようにターンを先行させていく

POINT 1 目線をターン方向に
先行させる

目線が遅れてしまい肩が閉じて、カ
ラダが遅れてしまうと次のターンに
切り替えていくのが難しくなる。目
線と前の手が重要なポイントだ。

NG

トウサイドからヒールサイドターンへの
スムーズな切り替えも、骨盤の重心移動が
ポイントになります。

トウサイドターンの後半にあたる山回り
から、骨盤をそのままヒールサイド（谷
側）へ運びます。

このとき、胸と、前の手、目線を進行方
向に向けてターンを先行させる意識を持ち
ましょう。これらができないとカラダが遅
れて切り替えが遅くなる原因になります。

胸を前に向けたまま骨盤を谷側に移動させる

谷回りに入るときは、胸を前に向けた状態から骨盤を谷側に移動させていきながら、目線、前の手を先行させて切り替える。

POINT 3

骨盤に手を当てて意識を強める

トウサイドからヒールサイドへの骨盤の移動を強く意識するために、骨盤に手を当てて滑ってみよう。

稲川光伸の
ワンポイントアドバイス！

前の手を開いて
上半身を先行させながら、
お尻を谷側に移動しよう！

ここに注目

□山回りから骨盤を谷側に運ぶ
□胸と前の手、目線を先行させる
□骨盤に手を当てて意識する

コツ
09

動画をチェック！

Question
ターンの始めから
強くカービングしていくには？

両足同時にエッジを立てて
谷回りから強くエッジングする

POINT 1 両足同時に
強くエッジング

ターン前半の谷回りで、骨盤を移動させながら両足同時にエッジを立てることがポイントだ。

　強くカービングしていくには、ターンの始まりにあたる谷回りからエッジを立てていくことが重要です。そのためには、ターンの切り替えとともに骨盤を運び、両足同時にエッジを立てていきます。この意識を持つことで、ターンの始まりからシャープなカービングができます。ヒールサイドも同じで、骨盤を谷側に運び重心移動と同時にエッジングします。足首を両足同時に引き起こすようなイメージを持ちましょう。

トウサイドへの切り替えでボードの真上に腰が残るとエッジを立てられない

トウサイドターンへの切り替えで、カラダは切り替えに向かっているが、腰がボードの真上に残ると両足同時にエッジングすることができない。腰を谷側に移動し、つま先側の親指に両足同時に力を入れよう。

ヒールサイドの切り替えで背中からターンに入るとエッジが立たない

ヒールサイドターンでは、カラダは谷側に移動しているが、背中側からターンに入るとエッジが立たない。骨盤を移動させながら両足首を起こして角付けする。

稲川光伸の
ワンポイントアドバイス！

特に後ろ足を意識して
両足同時に切り替えていこう！

ここに注目

☐谷回りから両足同時にエッジを立てる
☐つま先側の親指に力を入れる
（トウサイド）
☐両足首を起こして角付け
（ヒールサイド）

動画をチェック！

Question 山回りできれいな
カービングを描くためには？

Answer

ターンの後半に山側の手を上げながら 谷側の手でエッジを触るように滑る

POINT 1

ヒールサイドターン 谷側の手（右手）でエッジを触る

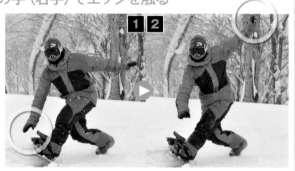

ターンの後半部分で、谷側の手（右手）でエッジを触るくらいにして滑る。このフォームにすることで、エッジの角度が安定するため強いカービングになる。そして、切り替え時に、山側の手を上げながら次のターンへと切り替えていく。

1 2

POINT 2

トウサイドターン ターン後半に左手でエッジを触る

トウサイドターンの場合も同じ。ターンの後半に谷側の手（左手）でエッジを触るようなフォームを作る。そして、山側の手を上げながらターンを仕上げて切り替えていく。

1 2

きれいな弧を描きながらスピードのあるカービングターンにするには、山回りが重要になります。

ポイントは、ターンの始まりから後半まで、手でエッジを触るようにして滑り、切り替えで山側の手を上げてターンを切り上げていきます。ターン弧をしっかり仕上げてから次のターンに入っていくことが、連続したカービングターンを作る上でのポイントになります。

POINT 3 ターン弧を仕上げてから
次のターンに入る

ターンの後半に谷側の手でエッジを触り、切り替えで山側の手を上げてターンを仕上げる。こうすることで、山回りが切れ上がる。そして、ターン弧を仕上げてから次のターンに入っていくことが重要だ。

 稲川光伸の
ワンポイントアドバイス！

ターン弧を最後まで
深く切り上げてから
切り替えていこう！

ここに注目

□ターン後半に谷側の手でエッジを触る
□切り替えで山側の手を上げる
□ターン弧を仕上げてから次のターンに

コツ 11

Question カービングターン上達に
有効な練習法は？

Answer エッジを立てる角付け操作を磨く
トラバースや屈伸、ジャンプ・ターン

TRAINING 1

トラバース（斜面を横切る）
**山側の手を上げて
上半身を起こす**

ヒールサイド

トウサイド

上半身を起こして山側の手を上げ、両足で同時にエッジングして、線に乗る感覚を意識して一直線に滑る。

TRAINING 2

トラバース・ジャンプ
**角付けで足場を
作りながらジャンプ**

ヒールサイド　　トウサイド

山側の手を上げ、角付けが利いた状態で足場を作りながらジャンプと着地を繰り返す。もし、ジャンプできなかったり着地でボードがずれる場合は、角付けが弱い証拠だ。

　カービングターンを洗練させるには、エッジを立てる角付けを磨いていくことが重要です。まずは、初歩的なエッジを立てる練習のトラバースです。斜面を一直線に横切るために、山側の手を上げてエッジングを保ちます。次はトラバース・ジャンプです。エッジングが利いた状態で足場を作ってジャンプします。他にも角付けを安定させる屈伸ターンや、カービングターンを洗練させるジャンプ・ターンを行いましょう。

屈伸ターン エッジの角度を一定に保って屈伸する

角付けを安定させるためのトレーニングとして、ターン中に屈伸する。エッジの角度を一定に保つことが大切だ。滑走中にエッジの角度を変化させてしまうと、ボードがずれる原因となるので注意する。

ヒールサイド

トウサイド

ジャンプ・ターン 上半身を安定させながらジャンプする

カービングターンをさらに洗練させるためのトレーニングが、滑走中に両足でジャンプするジャンプ・ターン。ジャンプの際に角付けが緩むとジャンプすることはできない。腕を広げて上半身の安定を保ちながら、角付けをして足場を確保した状態でジャンプする。

ヒールサイド

トウサイド

稲川光伸の ワンポイントアドバイス！

トラバースでは、上からスキーヤーやスノーボーダーが滑っていないのを見てから、安全に斜面を横切るように！

ここに注目

- ☐ 山側の手を上げて上半身を起こしてトラバース
- ☐ 角付けで足場を作ってジャンプ
- ☐ エッジングを一定に保って屈伸

Question 目線が大事！と言われるが、
どうやるのですか？

動画をチェック！

Answer 目線を先行させるイメージで
ターン前半からターンの先を見ていく

POINT 1 ターンの
先を見る

ターンの前半からターンの先を見ることがポイント。目線を先に先行させることで胸が開きカラダが谷側に運ばれるため、骨盤がスムーズに移動しターンの前半から角付けができる。

目線の移動次第で、ターンは大きく変わります。ターン前半からシャープなカービングターンをするためには、目線を先行させることが重要になります。

ターンする方向の先を見るようにすれば、切り替え時にカラダ全体が谷側に運ばれるので、重心移動がスムーズになりターンの始めから強いカービングができるようになります。目線が遅くなると、ターン弧が大きく膨らむ原因となるでしょう。

POINT 2 目線が遅れると ターンが膨らむ

トウサイドターンもポイントは
同じだ。もし、目線が遅くなる
とターン弧が膨らむ原因とな
る。目線が進行方向にいかない
と、腰の位置が谷側に移動でき
ず、角付けが弱くなる。こうす
るとボードがずれてしまうので
注意する。

稲川光伸の
ワンポイントアドバイス！

切り替えと同時に、
谷側に目線を
先行させていこう！

ここに注目

□ターンの前半から目線を先行させ
る
□スムーズな重心移動
□目線が遅れるとターンが膨らむ

35

Part 3

ショートターン 上達の Q & A

どうすればリズミカルにターンできるのか？
ショートターンの悩みを解決！

リズムの速いショートターンは 足さばきと上半身のバランスがポイント！

動画をチェック!

コツ
13

Question
ショートターンでは足さばきの
どこに意識をすべき？

Answer
前足からターンに入って
後ろ足でグリップしてターンを終える

前足でターンに入る

前足でターンに入る

後ろ足でグリップ

後ろ足でグリップ

POINT 1 両足同時ではなく
独立して動かす

前足を動かしてターンに入った後、
後ろ足でグリップする。もし、両
足を同時に動かしてしまうと急激
なエッジングになってしまう。シ
ョートターンにとって急激な角付
けはボード操作を不安定にする。

ショートターンは足裏の動かし方が重要になります。両足同時にエッジングするのではなく、前足と後ろ足を独立して動かすことがポイントになります。ターンに入るときは前足、ターンを終えてエッジグリッ

プをしていくときは後ろ足。前足からターンに入り後ろ足でグリップする。これを繰り返します。このように足を動かすことで、ボードが滑らかにズレを作っていき、ターンコントロールが可能になります。

TRAINING 1

腕組みショートターン
足裏に集中する
トレーニング

腕を組んで練習するとカラダのバランスが取りづらくなる。こうすることで、より足裏に集中しながらトレーニングができる。足さばきを磨くのにとても効果的だ。

稲川光伸の
ワンポイントアドバイス！

前足からターンに入り後ろ足でエッジグリップするのは、ボードコントロールの重要な操作！

ここに注目

□ターンは前足から入る
□ターンを終えてグリップしていくときは後ろ足
□腕組みで足裏に集中する

動画をチェック！

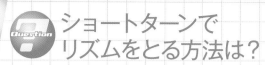

コツ **14** **Question** ショートターンで
リズムをとる方法は？

Answer 前の手で8の字を描いてリズムをとり
腕とカラダの動きを同調させる

POINT 1 ヨコの8の字を
前腕で描きながら滑る

前腕で8の字を描くように、アームワークを使うとリズム作りは簡単にできる。描く大きさよりもタイミングを重視しよう。

ロングターンは角付けの強さでターンを調整しますが、ショートターンは運動のリズムで調整していきます。軽快なリズムの中でターンを刻むことで、安定したターンにすることができます。

リズムを取る方法としては、前の手で8の字を描くようにして滑るのがオススメです。ターンに入るときに前腕を下げて切り替えで前腕を上げる。腕とカラダを同調させることがポイントです。

40

腕とカラダを同調させる

腕の動きとカラダの動きを同調させることが重要だ。前腕が下がるときはカラダも低くなり、前腕が上がるときはカラダも高くなる。

稲川光伸の
ワンポイントアドバイス!

腕の動きが早くなりすぎないようにターンに合わせて動かしてみよう!

ここに注目

□ 前の手で8の字を描いて滑りのリズムを取る
□ 腕とカラダを同調させながらターンする

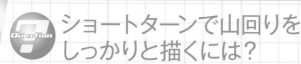

動画をチェック！

コツ **15**

Question ショートターンで山回りを
しっかりと描くには？

Answer ターンの後半に山側の腕を
回すように上げてターンを仕上げる

POINT 1 ターン後半に山側の手を
下から上に回し上げるように動かす

写真のようにヒールサイドターン後半で、山側になる左手を下から上に動かしていく。トウサイドも同じで、ターン後半に今度は山側になる右手を下から回し上げるように上げていく。

ショートターンで山回りをしっかり描くと、綺麗なターン弧の滑りになります。そのためにも、ターンを最後までしっかり仕上げる意識が重要です。

ポイントは、ターンの後半に山側になる手を下から上に動かすこと。下から上に円を描くイメージで回すように動かしていきます。

この手の動きにカラダも同調されるので、山回りが滑らかになります。

POINT **2**

ターンを仕上げる意識を持つと山回りは滑らかに！

リズムよく軽快なショートターンは、ターンを仕上げる意識が必要。腕を使ってトレーニングすることで山回りをしっかり描くことができる。

稲川光伸の
ワンポイントアドバイス！

ターン後半の山回りで
ターン弧を切り上げることで
ターンを仕上げよう！

ここに注目

- □ターン後半に山側の手を下から上に回すように動かす
- □ターンを仕上げる意識を持つ

Question ショートターンでカラダが
遅れないようにするには？

動画をチェック！

Answer

切り替えで前足に体重を乗せて
ターンに入ればカラダが遅れない

POINT 1 前足に体重を
乗せていく

切り替えから、しっかり前足に
体重を乗せてターンに入ってい
くことで後傾が防げる。

斜度がきつくなってくると、滑走中にカ
ラダが遅れてしまうことが多くなる。これ
を後傾と言います。後傾にならないように
するには、ターンの後半から切り替え、そ
してターンの前半である谷回りで、前足に
しっかり重心移動していくことが重要です。
　この重心移動が中途半端な状態だと、カ
ラダが遅れてボード操作できない状態にな
ってしまいます。前足にカラダを乗せてい
くイメージを持って滑ってみましょう。

POINT **2**

前の肩を動かして
ターンを
リードしていく

カラダが遅れないよう、積極的に前足に体重を乗せていく。前の肩を前足に乗せるようにしてターンに入っていこう。

稲川光伸の
ワンポイントアドバイス！

前足に体重を
乗せるだけではなく、前足から
ターンに入る意識が大事！

ここに注目

□ターンの後半から前足に体重を乗せていく

□ヒザを押し出し重心移動してターンに入る

45

動画をチェック！

Question ショートターンでも
谷回りはできますか？

Answer 切り替えで前の手を谷側に突き出して
ターンの始まりから角付けする

POINT 1 前の手を谷側に入れると
カラダが谷側に運ばれる

ターンの切り替えで、前の手を谷側に入れ
ていくことで、カラダが谷側に運ばれる。
同時にエッジを立てていく。

　リズムの速いショートターンは、ターン
の前半からエッジを立てていく谷回りを確
実に作ることが難しいです。しかし、この
谷回りがスムーズに作れれば、ショートカ
ービングターンで滑ることができます。

　ポイントは、ターンを仕上げたあとに、
前の手を谷側に突き出していくことです。
また、この手の動きと同時にエッジを切り
替えていくことです。こうすることで、タ
ーンの前半から角付けしやすくなります。

エッジにスムーズに乗るために前の手を斜面に向ける

トウサイドターンに切り替えていくとき、前の手を谷側に突き出し、同時にツマ先のエッジを立てていく。ヒールサイドターンの谷回りも、トウサイドターンを仕上げてから、前の腕を谷側の斜面に突き出して、同時にカカトエッジを立てていく。

稲川光伸の
ワンポイントアドバイス！

ターン後半の山回りで
ターンを仕上げたら
すぐに前の手を谷側に
突き出していこう！

ここに注目

□ 切り替えで前の手を谷側に入れる
□ 手と同時にエッジを立てる
□ 谷回りから角付けしている

47

Question ショートターンの切り替えで
意識するところは？

動画をチェック!

Answer 山回りで後ろ足のエッジグリップの
反動を使って前足からターンに入る

POINT 1

エッジグリップの反動を使う

ヒールサイドターン後半に、後ろ足のエッジグリップを強めると反動が起きる。そのボードの反動を使って切り替え、前足からターンに入る。

グリップ!

ショートターンの切り替えは、タイミングを外してしまうとボードコントロールがしづらくなることがあります。この切り替えで意識するのは、ターンの後半にあたる山回りの部分で、エッジグリップを強めてから切り替えることです。

後ろ足のエッジグリップを強めると足場がしっかりできるので、そのときの反動を使って一気に前足から次のターンに入っていきます。

POINT 2
切り替え直後に前足からターンに入る

トウサイドターン後半に、後ろ足のエッジグリップの反動を使って切り替え。切り替えたら前足に重心移動し、すぐに次のターンに入る。

グリップ!

稲川光伸の
ワンポイントアドバイス!

ターン後半、後ろ足で
ブレーキをかけるように
エッジグリップして
反動で切り替えよう!

ここに注目

□ ターン後半に後ろ足のエッジグリップを強める
□ 反動を使って切り替える
□ 前足に重心移動しターンに入る

動画をチェック！

Question 暴走しないようにするには？

Answer # 前ヒザをターン方向にひねり込み テールをズラして暴走を防ぐ

POINT 1 前ヒザをターンとともに 一緒にひねり込む

ターンの始めから、前ヒザをターン方向に一緒にひねることでノーズが動く。そうすれば、テールがズレてスピードを調整することができる。

暴走する人を急斜面で良く見かけます。なぜならショートターンは、徐々にターン弧が浅くなるためスピードが出すぎてしまうからです。暴走を食い止めるためには、ボードを上手にズラして、ターン弧を調整

しスピードコントロールすることが重要になります。

ポイントは、前ヒザをターンとともにひねり込む動作です。こうすることでノーズが動いてテールが滑らかにズレてきます。

前ヒザに
手を当ててターン

前ヒザの
ひねり込みを
強く意識する

前のヒザに手を当てる
ことで、前ヒザのひね
り込みの意識を強める
ことができる。このと
き、後ろの手でしっか
りバランスを取ろう。

稲川光伸の
ワンポイントアドバイス！

ひねりの量を
調節することでターンを
コントロールできるぞ！

ここに注目

□前ヒザをターン方向へひねる
□ノーズを動かしテールをズラす
□前ヒザに手を当てて滑る

動画をチェック！

コツ 20

Question ショートターンで過度な
ローテーションを防ぐには？

Answer

前の手を先行させてターン弧を作り
後ろ腕をブロックして滑る

POINT 1 後ろ手をブロックして
ローテーションを防ぐ

後ろの手をブロックすることで、大きな
ローテーション（ひねりすぎ）を防ぐ。
そして、前の手を先行させることで、タ
ーン弧を作り上げることができる。

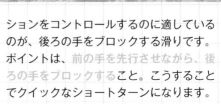

ショートターンはターンのリズムが速く
なるため、カラダのひねり動作（ローテー
ション）が過度に大きくなりがちです。こ
のローテーションが大きくなると、ボード
がズレリズムが悪くなります。ローテー
ションをコントロールするのに適している
のが、後ろの手をブロックする滑りです。
ポイントは、前の手を先行させながら、後
ろの手をブロックすること。こうすること
でクイックなショートターンになります。

丸太を抱えながらターン
上体の安定を保つ
ためのトレーニング

リラックスしながら上体の安定を保つためにも、丸太を抱えるようなイメージを持ちながらショートターンをしてみよう。このトレーニングをすると、上半身が常に安定し下半身でボード操作ができるようになる。

稲川光伸の
ワンポイントアドバイス！

後ろの腕の
ブロックを意識すると
上半身が安定するよ！

ここに注目

□上半身が安定している
□後ろの腕がブロックされている
□リズムが安定している

Part 4
斜面別の滑り
Q & A

いろんな斜面をかっこよく滑りたい。
パウダーやコブ斜面の滑りの悩みを解決!

シチュエーションに対応できる
応用テクニックを身につけよう!

※フリーランを楽しむための注意事項

フリーランだからと滑走禁止区域外には絶対
に入らないようにしましょう。滑走禁止区域外
は、雪崩などの危険もありますが、スキー場の
パトロールが助けに行くことのできないエリ
アだということを覚えておきましょう。

動画をチェック！

コツ 21

Question ノーズが埋まって
止まらないで滑るには？

Answer 後ろ足に体重を乗せて前足を伸ばし
上半身を前傾させるフォームで滑る

上半身を前傾させる

後ろ足に体重を乗せる

前足を伸ばす

パウダーはフカフカの雪のため、圧雪された通常のバーンと同じポジションで滑ると、ボードのノーズが雪に埋まってしまい進まなくなります。

パウダーの基本ポジションは、少しカラダの位置を後ろに移動して、後ろ足に体重を乗せます。そして、前足を伸ばすことでノーズが軽くなり浮力を得ることが可能になります。このとき、上半身を前傾させることで後傾が防げます。

パウダーの正しいポジションは前足を伸ばして後ろ足に乗る

通常のバーンでは、ボードの真ん中にポジションを取ることが基本だが、パウダーの場合はノーズを浮かせて滑るため、前足を伸ばして後ろ足に体重をかける。

後傾や前足に体重をかけると転ぶ

体重を後ろ足に乗せるからと言って、上体が後ろに行きすぎると後傾になってしまう。また、前足を伸ばしたとしても、そこに体重をかけるとつんのめってしまう。

稲川光伸の
ワンポイントアドバイス！

パウダーライディングは
スピードも大事。スピードを
出してフォームを作ろう！

ここに注目

□前足を伸ばして後ろ足に体重をかけていく
□上半身を前傾させてノーズを浮かす

動画をチェック！

 Answer スピードをつけ角付けが弱い状態から 急激にエッジングして圧力を加える

タメたパワーを一気に解放！

カラダは逆ひねり

急激なエッジング！

　パウダーをかっこよく大きく飛ばすのは、スノーボーダーなら誰もが憧れるでしょう。重要なのは滑走スピードを維持したまま、タメからの急激なエッジングです。滑走中に、後ろ足の角付けを弱めた状態でボードを横に振って、テールへの雪面への圧を強めます。その後ろ足でタメたパワーを、角付けを強くして一気に雪面に圧力を与えます。このときカラダを雑巾を絞ったような逆ひねりにすると強くエッジングできます。

ヒールサイドのエッジング

後ろ足を斜面の下に
スライドさせながら、
テールの圧を一気に
強めて雪面にパワー
を加える。カラダは
逆ひねりを強める。

トウサイドのエッジング

スピードを落とさな
いでボードを横に振
っていく。後ろ足の
角付けが弱い状態か
らボードを振りつつ、
一気に角付けを強く
する。

稲川光伸の
ワンポイントアドバイス！

**角付けの弱い状態から、
一気に角付けを強めるところが
ポイント！**

ここに注目

☐ スピードは落とさず維持する
☐ 後ろ足をスライドさせて圧をタメ
　る
☐ 急激なエッジングで圧力を一気
　に加える

動画をチェック！

コツ
23

Question

パウダーで転んだときは
どうすればいい？

Answer

慌てずボードを斜面の下に向けて
トウサイドに方向転換して立つ

POINT
1
トウサイドで
立ち上がる

ボードを斜面の下に向ける
ことができたら、トウサイ
ドに方向転換をする。目の
前の雪を固めてから手で押
しながら立ち上がる。

　フカフカのパウダーを滑ってバランスを
崩して転ぶことも多いと思います。大切な
のは、焦らずに落ち着くことです。まずは
自分の状況を確認しましょう。

　ボードの前につんのめって転んだときの
対処法ですが、顔を浮かしたあと、ボード
を斜面の下に向けていきます。ボードが斜
面の下にきたら、トウサイドに方向転換し
ます。そして、目の前の雪を固めてから、
その地面を利用して立ち上がります。

パウダーで立ち上がる連続の動き

1 焦らず落ち着いて顔を浮かす

2 ゆっくりでいいので、仰向けになって動き出す

3 ボードを斜面の下に向けるため雪を押し出していく

4 斜面の下にボードがきたら、トウサイドに方向転換する

5 トウサイドに転換したら、目の前の雪を手で押して固める

6 その固めた雪を利用して、手で押しながら立ち上がる

稲川光伸の
ワンポイントアドバイス！

パウダーで転んでも、
焦らずに落ち着いて
立ち上がろう！

ここに注目

□ボードを斜面の下に向ける
□トウサイドに方向転換する
□雪を固めて地面を利用して立ち上がる

動画をチェック！

コツ 74

Question コブ斜面はどうやって滑ればいい？

Answer コブの深い溝に向かってサイドスリップで雪面を削って滑る

POINT 1
ヒールサイドは前傾を保つ。トウサイドは逆ひねりで滑る

ヒールサイドのフォームは、軽く前傾を保ち、そのまま斜面を滑り下りる。トウサイドのフォームは、雑巾を絞った逆ひねりの姿勢を取り、山側の腕を上げて滑る。

コブ斜面は凹凸があり、慣れないとコブに弾かれてしまったりスピードが出て暴走してしまうことになります。まずは、コブ斜面をサイドスリップでスピードをコントロールしながら滑っていきましょう。

ポイントは、コブの裏側の深い溝に向かってボードを横に向け、横滑り（サイドスリップ）で雪面を削っていきます。角付けを強くすれば雪面を多く削ることになり、スピードを減速させることにつながります。

サイドスリップで
コブの裏側を削るように
連続して滑る

サイドスリップの連続で滑るときの一番多い失敗が、ボードを横にきちんと向けなかったためスピードが落ちず、暴走してしまうこと。トウサイド、ヒールサイドとも、正しいフォームで、コブの裏側をしっかり削るようにして滑っていく。

稲川光伸の
ワンポイントアドバイス!

**サイドスリップで
雪面を削りながら滑れれば、
どんなコブ斜面も
チャレンジできるよ!**

ここに注目

□コブの深い溝の雪面を削る
□ヒールサイドは前傾を保つ
□トウサイドは逆ひねりで山側の手
　を上げる

動画をチェック！

コツ **25**

Question コブに弾かれないように
するには？

Answer 脚部の曲げ伸ばしを使って
コブを吸収して滑る

POINT 1 サイドスリップから切り替えで
ヒザを曲げてコブを吸収

コブの深いところに向かってサイドスリップで滑り、コブの
溝についたらヒザを曲げてコブの衝撃を吸収して切り替える。

コブ斜面は起伏の連続なので、コブの凹凸から受ける衝撃をしっかり吸収して滑る必要があります。コブに弾かれないためには、滑走中に脚部の曲げ伸ばしをして、コブを吸収します。

どこで衝撃を吸収するのかと言うとコブの溝です。コブの溝についたらヒザと股関節を曲げてコブの衝撃を吸収し、切り替えた後にヒザを伸ばしながらサイドスリップで滑っていきます。

脚部の曲げ伸ばしの
タイミングを身につける

コブ斜面の一番溝の深いところに来た
ら、次の切り替えにかけて脚部を曲げ
ていく。ヒザを曲げた状態で切り替え
て、また、コブの深いところに向かっ
てサイドスリップで滑っていく。これ
を繰り返す。

稲川光伸の
ワンポイントアドバイス！

**コブ斜面から受ける衝撃は、
ヒザと股関節を
曲げて吸収しよう！**

ここに注目

□コブの凹凸の衝撃を吸収
□コブに向かってサイドスリップ
□切り替えで脚部を曲げる

動画をチェック！

コツ 26

Question
暴走しないでコブ斜面を
トラバースするには？

Answer

コブに弾かれないよう頭と腰の位置を
一定に保ち脚部でコブを吸収する

POINT 1

トウサイドのトラバース
山側の手を上げて
バランスを取る

コブの凹凸に合わせて、脚部を動かし
ながら進んでいく。山側の手を上げて
バランスを取りながら滑っていく。

　急なコブ斜面だったりコブの溝が深かっ
たりする状況では、コブ斜面をトラバース
することもあります。滑りのポイントは、
脚の動きをしっかり使うこと。吸収動作を
使わないとコブに弾かれてしまいます。コ
ブの状況に合わせて、コブがきたらヒザを
曲げた状態で乗り越えて処理します。そし
て、コブのボトムで足を伸ばしていきます。
ポイントは、頭と腰の位置を一定に保ちな
がら脚部でコブを吸収していくことです。

POINT 2

ヒールサイドのトラバース
頭と腰の位置を一定に保つ

トウサイドと同様、脚部を動かしながらコブ斜面を吸収する。頭と腰の位置を一定に保つことを意識しよう。

稲川光伸の
ワンポイントアドバイス!

コブ斜面の起伏に合わせて
脚部を動かしていこう!

ここに注目

- ☐ 脚部を動かしてコブを吸収する
- ☐ ボトムでは脚を伸ばしていく
- ☐ 頭と腰の位置を一定に保つ

動画をチェック！

コツ 27 Question
荒れた不整地を安定して滑るには？

Answer
山側の腕を上げて上半身を安定させエッジの角度を一定に保つ

POINT 1
山側の手を上げて肩のラインを安定させる

山側の手を上げて上半身を起こし、肩のラインを一定にすることで安定させることができる。ボード操作も角付けがカクカクしないよう、エッジの角度を一定に保つ意識を持つ。

　荒れたバーンである不整地は、カラダのバランスを崩しやすい状況です。

　安定してターンをするには、常にバランスを取り続けなければなりません。そのために必要なのが、上半身のバランスと一定したエッジングになります。

トウサイドのフォーム 手を上げてバランスを取る

凸凹のある不整地バーンでバランスを取るために、トウサイドでは山側の手を上げてみよう。上半身が折れてしまうとバランスを崩す原因となる。

ヒールサイドのフォーム エッジの角度を一定に保つ

トウサイドと同じで山側の手を上げバランスを取り、角付けが緩まないように、エッジの角度を一定に保つ。上半身のバランスが悪いと一定したエッジングができなくなる。

稲川光伸の
ワンポイントアドバイス！

荒れた不整地は
バランスが大事。
上半身の安定を保とう！

ここに注目

□上半身が安定している
□山側の腕が上がっている
□角付けを意識している

コツ **28**

Question 安定して地形を
登り下りするには？

動画をチェック！

Answer

ボードに対して垂直な軸を保ち
足の曲げ伸ばしで雪面に圧をかける

POINT 1 カラダをボードに対して
垂直な軸を保って滑る

地形を登るとき、カラダが起きた状態だと
スピードがつかない。ボードのセンターに
カラダを置くよう意識して、下りるときも
垂直にする。

　ゲレンデの端には、ハーフパイプのよう
な自然地形があります。そんな地形を登り
下りしてフリーランを楽しみましょう。
　地形の登り下りにはカラダの軸が大切に
なります。カラダの軸をボードに対して垂

直にして滑ります。また、地形の斜度がき
つい場合は、スピードが落ちるのでパンピ
ングを使います。パンピングとは、足の曲
げ伸ばしで雪面に圧を加え、ボードを加速
させるテクニックです。

POINT 2

パンピングを使って雪面に圧をかける

地形の斜度がきつい場合は、足の曲げ伸ばしを使って雪面に圧をかけてボードを加速させる。登りの斜面で足を伸ばして加速させ、下りはしゃがみ込むようにボードに圧を加えて加速させる。

 稲川光伸の
ワンポイントアドバイス！

**地形の形状に合わせて、
カラダの軸を
垂直に意識しよう！**

 ここに注目

- □ボードに対して垂直な軸を保つ
- □ボードのセンターにカラダを置く
- □足の曲げ伸ばしで雪面に圧をかける

Part 5
フリーライディング・トリック
上達の Q & A

トリックやジャンプ、パークを
安全に楽しむためのテクニックを紹介！

グラウンドトリックや起伏を使ったジャンプを練習し キッカーやパークにチャレンジしよう！

コツ
29

Question
ノーズを上げながら
安定して滑るには？

動画をチェック！

Answer

骨盤を後ろ足よりも後ろに位置し
腕を開き前傾姿勢をとって滑る

POINT 1 後ろ足に重心を移して
前傾姿勢を取る

テールマニュアルの基本姿勢は、後ろ
足に重心を移して前傾姿勢を取る。こ
のフォームによってノーズを浮かせる。

　後ろ足に重心を移しノーズを浮かせた状
態をキープするテクニックをテールプレス
と言います。その状態で斜面を直滑降する
のがテールマニュアルです。

　基本ポジションで直滑降したら、後ろ足
に体重を乗せて、骨盤を後ろ足よりさらに
後方に持っていくことでノーズが浮いてき
ます。滑走中のバランスを取るために、両
腕を開いて上体を前傾させることがポイン
トです。

POINT 2

両腕を広げてバランスを取る

滑走中はバランスを
保つのが難しい。そ
のため、両腕でカラ
ダのバランスを調整
することが安定した
テールマニュアルを
行うポイントだ。

POINT 3

骨盤を後ろ足よりさらに後方に持っていく

後ろ足に体重を乗せ
るが、骨盤を後ろ足
よりも後方に持って
いくイメージを持つ
と上手くいく。これ
によってフォームも
安定する。

稲川光伸の
ワンポイントアドバイス！

テールマニュアルは
コツをつかめば
比較的早くマスターできるよ！

ここに注目

□後ろ足重心で前傾姿勢を取る
□両腕を広げてバランスを取る
□骨盤を後ろ足よりも後方に運ぶ

テールを上げながら安定して滑るには？

動画をチェック！

Answer 進行方向に目線を向け前の手を伸ばし
腰がノーズに乗る状態を作って滑る

POINT 1
前の手を伸ばして腰をノーズに乗せる

ノーズマニュアルの正しいフォームは、目線を進行方向に向けて前の手を遠くに伸ばす姿勢だ。こうすることで腰がノーズに乗ってテールが上がる。

テールを上げた状態を作るテクニックをノーズプレスと言います。その状態で斜面を直滑降するのがノーズマニュアルです。

基本ポジションで直滑降を始めたら、進行方向に目線を向けます。前の手で先にあるものを触るようなイメージで腕を伸ばしていき、腰がノーズに乗るフォームを作っていきます。

後ろのヒザを少し内側にひねるようにすると安定感が増します。

後ろのヒザを
内側に少しだけひねると
安定する

滑走中に後ろ足のヒザを少しだけ内側にひねることがポイントだ。こうすることでボードが安定する。前腕を伸ばすが、後ろ腕も伸ばしてバランスを取ろう。

稲川光伸の
ワンポイントアドバイス！

ノーズマニュアルは
緩斜面でゆっくりと
トライしよう！

 ここに注目

□前の手を遠くに伸ばす
□腰をノーズに乗せる
□後ろのヒザを内側にひねる

コツ
31

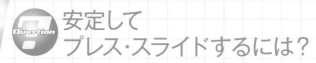

Question 安定して
プレス・スライドするには？

動画をチェック！

Answer
腰を平行に重心移動しながら
ひねりを加えて安定感を増す

POINT 1

肩を平行に保ち
上半身を安定させる

肩を平行に保てば上半身が安定し、腰の位置をボードのノーズやテールに移動させることができる。

　進行方向に対してボードを横にして、ノーズとテールを交互に浮かせながら滑走するテクニックがプレス・スライドです。プレス・スライドは、上半身を安定させたまま腰をノーズやテールに移動させることが

ポイントです。上半身だけが動いてしまうとうまくプレスができません。また、腰を平行に移動することで正しくプレスできますので、肩のラインを平行にするように意識しましょう。

上半身を安定させ ひねりを使うことで フォームを作る

プレス・スライドするときは、肩を平行にすることで上半身が安定する。さらに、上半身のひねりを加えることで、スライドしながらバランスを取り続けることができる。ノーズプレスのときは右手が前、左手を山側にしてバランスを取り、テールプレスのときは左手が前、右手を山側にする。

稲川光伸の
ワンポイントアドバイス！

**腰がボードのノーズやテールに
確実に移動できないと
プレスはできないよ！**

ここに注目

□腰をボードのノーズとテールにしっかりと移動している
□ひねりを加えて安定させる
□上半身だけを動かさない

コツ 32

Question プレスした状態で
スムーズにくるくる回るには？

動画をチェック！

Answer 前足（ノーズ）と後ろ足（テール）に
体重を乗せ軸を作ったまま回る

POINT 1

ノーズプレス時計回り

前足に軸を作り
後ろ足を
浮かせながら
動かす

トウサイドターン方向
から回るテクニック。
トウサイドターンから
ターンを切り上げた状
態を作り、前足軸で後
ろ足を動かして回って
いく。

1 2
4 3

　グラウンドトリックの中でも、比較的簡単にマスターしやすいテクニックが、このくるくるプレスです。トウサイドターン方向から回る、ノーズプレス時計回りと、ヒールサイドターン方向から回るテールプレス反時計回りがあります。

　ポイントは、ノーズプレスなら前足（テールプレスは後ろ足）に体重を乗せて軸を作り、ツマ先、カカト、ツマ先、カカトという流れで足裏を動かしていくことです。

テールプレス反時計回り

後ろ足に軸を作り
前足を浮かせて動かす

ヒールサイドターン方向から回るテクニック。ヒールサイドターンからターンを切り上げ、後ろ足に体重を乗せて軸を作りしっかりテールに乗る。ターンの遠心力を使って回ると上手くいく。逆エッジにならないよう注意しよう。

稲川光伸の
ワンポイントアドバイス！

腕を先行させると、
くるくる回りやすいよ！

ここに注目

- □ 前足を軸にして回るノーズプレス時計回り
- □ 後ろ足を軸にして回るテールプレス反時計回り
- □ ターンの遠心力を活用している

コツ 33

Question ボードをフロントサイドに
180度回転させるには？

動画をチェック！

Answer # 上半身を90度くらい開き
足下でボードを入れ替えていく

POINT 1
基本ポジションから
胸を90度開いて止め
ボードを回す

ヒールサイドターンの山回
り後に180度回転する。基
本ポジションから胸を90
度開いて止めて、その後に
ボードを回す。

　滑走中にボードを180度回転させるテ
クニックが、フロントサイド180です。
フロントサイド180のポイントは、進行
方向に対して上半身（胸）を90度くらい
開いて、その開いた胸を止めてから下半身
を動かしてボードを入れ替えていくことで
す。注意したいのが逆エッジです。回ると
きはボードをフラットにして、力まずに回
していきます。回ったあとは、前方をしっ
かり見てフェイキーで滑ります。

POINT 2

ボードをフラットにして力まずに回る

下半身を動かしてボードを回すが、力むとエッジが引っかかる。リラックスしてボードをフラットにすることで上手く回れる。回ったあとはフェイキーで滑るので、フェイキーの練習も事前に行おう。

POINT 3

フロントサイド180（ジャンプ） 上半身を90度開いたところで両足ジャンプ

上半身を90度開いたところで両足でジャンプして、ボードを180度回転させて滑る。ヒールサイドのエッジングでタメを作ってジャンプするのがポイントだ。

稲川光伸の
ワンポイントアドバイス！

ボードを180度回転させれば
フェイキーになるから、
フェイキーも練習しよう！

ここに注目

□胸を90度開いて止める
□下半身を動かしてボードを入れ替える
□ジャンプして180度回転する

Question ボードをバックサイドに
180度回転させるには？

Answer 目線を止めて下半身だけで ボードを180度回転させる

POINT 1

回る地点を見ながら
下半身でボードを回す

回る地点（ポイント）を見ながら滑走する。ポイントに来たら目線を止めて、ツマ先に荷重しながら下半身でボードを180度回していく。

ポイント
（地点）

　バックサイド180は、トウサイドターンの山回りで行うテクニックです。進行方向に滑っていき、バックサイド180をする地点（ポイント）を見続けながら滑っていきます。重要なのは目線です。回ろうと

する地点まで来たら、目線を斜面の下にあるポイントを見続けながら上半身を少しひねっていきます。そして、下半身だけでボードを180度回転させます。回転したら目線と上半身を進行方向に向けていきます。

POINT 2

180度回ってから目線と上半身を戻す

180度回りきるまで目線はポイントから外さない。そして、180度回ったら目線と上半身を進行方向に向けていく。

POINT 3

バックサイド180ジャンプ 踏み切ろうとするポイントを見続けながら滑る

ジャンプで180度回転する。自分の足下にポイントがきたときに、目線を止めて両足でジャンプする。そして、着地してから上半身と目線を進行方向に向けていく。目線を後から追いかけるイメージだ。

稲川光伸の
ワンポイントアドバイス！

目線を止めて、
下半身だけで180度
回転させるのがポイントだよ！

ここに注目

□ 滑走中回る地点（ポイント）を見続ける

□ 目線を止めてから下半身でボードを回す

□ ジャンプして180度回転

コツ 35

Question コンビネーショントリックを かっこよく決めるには？

動画をチェック！

Answer バックサイド180ジャンプから 後ろ足を軸にノーリーで返す

POINT 2 ノーリー
ボードの向きを変える

進行方向の足からジャンプするノーリーで、ボードの向きを変えていく。右足軸で飛ぶスイッチノーリーだ。

　いくつかのグラウンドトリックを覚えたら、そのトリックをつなげていくコンビネーションをしたくなるものです。

　ここで紹介するのは、ジャンプでのバックサイド180から、ノーリーでボードを返すテクニック。目線をポイントに止めて、足場をしっかり作って両足ジャンプし、着地後に足場をしっかり作りながらカラダを向け、右足を軸にノーリーでボードを返していきます。

POINT 1 バックサイド180ジャンプ
下半身を180度回転

ジャンプする地点に目線を止めて、下半身だけを180度回転する。

 稲川光伸の
ワンポイントアドバイス!

グラウンドトリックは
1つ1つのトリックを確実に
成功させてつなげていこう!

 ここに注目

□正確なバックサイド180ジャンプ
□足場をしっかり作ってノーリー
□逆エッジに注意する

36

Question バックサイド270を
スムーズに行うには？

動画をチェック！

Answer

ターン後半にエッジグリップを利かせ
反動で前足に乗りテールを上げて回る

POINT 1

前足に乗ってテールを浮かす

エッジグリップを利かせたあと、前足を軸に270度ボードを回していく。このとき、しっかり前足に体重を乗せてテールを確実に浮かすことが大切だ。回転したあとは、目線を進行方向に向けてスイッチで滑っていく。

　グラウンドトリックで270度回転するテクニックです。

　ターン後半にエッジグリップをしっかりと利かせた状態を作ります。その反動で前足に乗ってテールを浮かして回転します。

回転をした後は、スイッチ状態になってそのままターンに入っていきます。

　ポイントは、ヒールサイドターン後半にエッジングを強めて、しっかり反動をつけることです。

ここに注目

□ターン後半にエッジを強める
□反動を使って回転する
□右足軸で270度回る

安定感のある
グラブターンをするには？

動画をチェック！

ターン後半ではなくエッジを切り替えた 直後、ターン前半からエッジをつかむ

POINT 1

ヒールサイドターン

ターン前半から後ろの手でグラブ

トウサイドターンからヒールサイドターン
に切り替えたと同時に、後ろの手である右
手でエッジをつかんでいく。エッジをつか
んで、その姿勢を滑走中キープする。

ターントリックは、ターン中に魅せるワ
ザとして実践します。その中でも、ベーシ
ックなテクニックがグラブターンです。

グラブターンは、滑走中に姿勢を低くし
て腕を伸ばしてボードをつかみます。ポイ

ントは、グラブするタイミングを、ターン
の切り替え直後のターンの前半からにする
ことです。ターン後半にエッジをつかもう
としてもグラブできず、バランスを崩す原
因となります。

POINT 2

トウサイドターン

**ターン前半から
体勢を低くし
エッジをつかむ**

ヒールサイドターンか
らトウサイドターンに
切り替え直後から、体
勢を低くして前の手
（左手）でエッジをつ
かみにいく。ターン後
半になると遠心力でグ
ラブできなくなる。

稲川光伸の
ワンポイントアドバイス！

グラブしていない方の手は、
上に上げてバランスをとろう！

 ここに注目

☐ 姿勢を低くして腕を伸ばしてグラ
　ブする
☐ 切り替え直後のターン前半からエ
　ッジをつかみにいく

Question キレのある
リバースターンをするには？

動画をチェック！

Answer 後ろ足を斜面の下に蹴り出し
スイッチバックする

スイッチから
前足をスライドさせ
斜面下に向けていく！

　トウサイドターンから一気にスイッチするターンテクニックが、リバースターンです。トウサイドターンでカービングをして、ターン後半を切り上げていきます。ターンが切れ上がったところで、後ろ足を蹴り出し、ボードのテール側を斜面の下に突き出していきます。突き出した状態でエッジグリップを強め、両足で角付けしてスイッチしていきます。

スイッチするとき目線を進行方向に向けない

スイッチしたとき、目線を進行方向に向けないように注意する。目線を向けてしまうとカラダが回転してしまう。

後ろ足でエッジングを強めていく！

稲川光伸の
ワンポイントアドバイス！

**トウサイドターンを
しっかりと切り上げてから
テールを斜面下に向けて
スイッチバックしよう！**

ここに注目

☐ カービングでターン後半を切り上げていく
☐ 後ろ足を蹴り出しボードのテール側を突き出す
☐ スイッチしてから前足をスライド

コツ **39**

Question 躍動感のある
ドルフィンターンをするには？

動画をチェック！

Answer オーリーしてからノーズ着地し
後ろ足が雪面に着いたらオーリーする

空中でエッジを切り替える！

　ドルフィンターンは、ボードがイルカが泳ぐように見えることから呼ばれるトリックです。イルカが水面を跳ねるように、スノーボードを動かしていきます。ボードを自在に動かせるようになれば、ボード操作の上達にもつながります。ボード操作は、後ろ足でオーリーして前足でターンに入る動きです。オーリージャンプからノーズ着地を繰り返していきます。このとき、空中でエッジを切り替えることがポイントです。

94

確実にオーリーするには、
エッジングして足場を
作ることがポイントだよ！

ここに注目

□後ろ足で踏み切ってオーリー
□空中でエッジを切り替える
□ノーズから着地してターンする

ノーズが着地したら
すかさずオーリーする！

POINT 1

エッジングを強め足場を作ってから高くオーリーする

しっかりドルフィンターンをするためにも、オーリーするための足
場をエッジングでしっかり作る。エッジグリップが弱いと踏み切り
時にボードがズレるため上手くジャンプできない。

コツ 40

Question 空中姿勢を安定させる
ジャンプの方法は？

動画をチェック！

Answer 起伏のタイミングに合わせて
オーリーする

POINT 1 両ヒザを曲げた
空中姿勢を取る

ジャンプでバランスを崩しやす
いのは空中姿勢。両ヒザを引き
上げておくことがポイントだ。
そのまま両ヒザで着地の衝撃を
吸収するように両足で着地する。

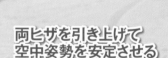

両ヒザを引き上げて
空中姿勢を安定させる

スノーボードはジャンプなどの魅力的な
テクニックもあります。ジャンプ初心者は、
まずはゲレンデにある起伏を使って練習し
ましょう。
　基本ポジションで起伏に向かい、しっか

り起伏で踏み切れるような低い姿勢を取り
ます。そして、起伏を見ながらアプローチ
して、タイミングに合わせてオーリーしま
す。ジャンプ後は、両ヒザを曲げて空中姿
勢を安定させて両足で着地します。

POINT 2

ヒールサイドジャンプ
低い姿勢で
アプローチする

ヒールサイドでもポイントは同じ。低い姿勢でアプローチし、空中は安定したフォームをキープする。

タイミングをはかってオーリー!

稲川光伸の
ワンポイントアドバイス!

平地でオーリーの
イメージトレーニングをしてから
チャレンジしよう!

 **ここに注目**

☐ 起伏を見ながらアプローチ
☐ タイミングを合わせてオーリー
☐ 両ヒザを引き上げて空中姿勢を
　取る

Question ジャンプからグラブをする
タイミングは？

動画をチェック！

Answer # ジャンプしたあとに自分から
両ヒザを近づけてボードをつかむ

上体をブロックして
安定感のある空中姿勢を取る！

　ストレートジャンプ中に、グラブをする
ジャンプテクニックです。起伏を見ながら
アプローチして、タイミングを合わせてオー
リーします。オーリー直後に両足を引き
つけて、そのタイミングでボードをつかみ
ます。このとき、腕を伸ばしてグラブしよ
うとすると上体が前のめりになり、空中で
バランスを崩してしまいます。両ヒザを近
づけてグラブすることがポイントです。着
地に向けて手を離して両足で着地します。

POINT **2**

ヒールサイドジャンプ
後ろの手で
ボードをつかむ

トウサイドジャンプでは前の手でグラブをするが、ヒールサイドは後ろの手でボードをつかむ。

POINT **1** オーリー後
両ヒザを近づけてグラブする

タイミングを合わせてオーリーしたら、両ヒザを近づけて前の手でボードをつかむ。つかんだら上体をブロックして安定を保つ。

 稲川光伸の
ワンポイントアドバイス！

ジャンプして両足を
引きつけてグラブすると、
空中も着地も安定するぞ！

ここに注目

□オーリー直後に両足を引きつける
□両ヒザを近づけてグラブする
□上体をブロックして安定させる

コツ 42

Question スムーズな
フロントサイド180をする方法は？

動画をチェック！

Answer ジャンプ時のオーリーと同時に
上半身を先行させ下半身を入れ替える

POINT 1
**タイミング良く
オーリーできないと
180度は回れない**

起伏のアプローチでタイミング良くオーリーできないと、空中で180度回れない。すべてはアプローチ次第で成功が決まる。

上半身を先行させる！

　フロントサイド180は、カラダを正面に向けながら回転するジャンプトリックです。

　ストレートジャンプと同様に、起伏に向かってアプローチしたら、タイミングを合わせてオーリーします。オーリーすると同時に胸を開いていき、上半身を先行させていきます。ジャンプのピーク到達までに90度回すイメージです。

　その後、下半身を回してボードを180度回転させ、両足で確実に着地します。

オーリーと同時に
上半身を90度回す

オーリーと同時に上半身を
90度回す。空中姿勢で上体
が先行していないと180は
上手くいかない。

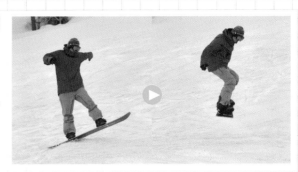

下半身を回し
入れ替える!

稲川光伸の
ワンポイントアドバイス!

オーリージャンプの
タイミングに合わせて
上半身を90度先行しよう!

ここに注目

□ オーリー直後に胸を開いて上半身
を先行させる
□ 空中姿勢で上半身を先行させ、そ
の後下半身を入れ替える

コツ43

Question バランスの良い
バックサイド180をするには？

Answer 起伏に目線を合わせた状態でオーリーし
目線を戻すのは着地の後にする

動画をチェック！

目線は起伏を見続ける！

　ジャンプでバックサイド180をするには、目線がとても大切になります。起伏に向かってアプローチしますが、このときから目線を起伏に合わせます。そして、タイミング良く踏み切るためには、起伏が自分の目の前、つまり真下に来たときにオーリーしていきます。ジャンプした後も起伏を見続けて、空中で下半身だけを180度回転させます。両足でしっかり着地したら、ここで目線を戻し進行方向に向けます。

POINT 2

目線を戻すのは着地後！

空中にいるときは、目線はまだ起伏になる。目線を戻すのは着地後。滑り始めたら進行方向を見る。

POINT 1

起伏が真下に来たらオーリーする

アプローチから起伏に目線を合わせ、真下に来たらオーリーを開始。空中姿勢でも目線は変えず下半身を180度回転させる。

**稲川光伸の
ワンポイントアドバイス！**

目線を戻すのは
180度ボードを回して
着地した後に！

ここに注目

□ 起伏を見ながらオーリーする
□ 空中で下半身だけを180度回転
□ 着地後に目線を進行方向に戻す

コツ 44

ダイナミックな
360を飛ぶ方法は？

動画をチェック！

Answer 目線と上半身を大きく先行させて
オーリーしてから回転する

POINT 1

バックサイド360
目線と上半身を
大きく先行させる

起伏を見続けながらアプローチ。起伏が前に来たらオーリーし、目線と上半身を大きく先行させる。

　ジャンプで一回転するテクニックです。フロントサイド360とバックサイド360があります。大切なのは、しっかり360度回りきって着地することです。踏み切りのタイミングに合わせて、上半身を大きく先行させオーリーでジャンプします。空中では回転を止めることなく、目線を送りながら着地します。着地でカラダを少しひねり戻してあげることがポイントです。目線を大きく先行させることが成功の秘訣です。

POINT **2**

フロントサイド360

空中では回転を
止めずに目線を送る

上半身を大きく先行させてオーリーし
てジャンプする。空中で回転を止めず
に目線を先に送る。目線先行が小さい
と180で止まってしまうので注意する。

上半身を大きく先行させ
オーリーしてジャンプ！

稲川光伸の
ワンポイントアドバイス！

360度回転するには
高さも重要。
しっかりオーリーして
高さを出そう！

ここに注目

□ 踏み切りのタイミングに合わせて
　上半身を先行させてオーリー
□ 空中で目線を先行させて回転を
　止めない

キッカーで安全に
ジャンプする方法は？

 動画をチェック！

 # スピードを出しすぎないようにし
空中姿勢の安定を第一に考える

キッカーに入るときのマナーと注意点

- ●レベルに合った大きさを選ぶ
- ●一発で入らず形状を確認
- ●スタートするときは、前の人がいなくなってから
- ●スピードを出しすぎないように注意する
- ●ジャンプ後は、すぐにエスケープする

起伏でのジャンプに慣れてきたら、パークにあるキッカーを飛ぶことに挑戦したくなるものです。キッカーに入るときは、安全を考えて自分のレベルに合った大きさに入るようにしましょう。そして、キッカーに入るときは最初は飛ばず素通りし、横からキッカーの形状を見てジャンプできるか判断します。問題なさそうであれば、スピードを出しすぎないように入り、ストレートジャンプからチャレンジしてみましょう。

慣れてきたら
様々なジャンプを試してみる

ストレートジャンプに慣れてきたら、
インディ・グラブやフロントサイド
180、バックサイド180、フロント
サイド360、バックサイド360など
を試してみよう。

POINT **1** 空中姿勢を安定させる
ことを意識する

キッカーのタイミングに合わせてオーリーしたら、
両ヒザを曲げて空中姿勢を安定させて、両足着地
で滑り抜ける。ジャンプ中、頭や上半身がかぶら
ないよう、上体を起こすことがポイントだ。

稲川光伸の
ワンポイントアドバイス！

自分のレベルに合った
ジャンプを選んでトライ。
スピードの出しすぎに注意！

ここに注目

☐ 自分のレベルに合ったキッカーを
選ぶ
☐ 空中姿勢を安定させる
☐ 様々なジャンプに挑戦する

Question BOXで使えるテクニックを教えてください

動画をチェック！

Answer スライド系を中心に
テール・ノーズマニュアルがオススメ

MENU 1

ストレート・スライド

ボードのセンターに
カラダを置く

滑走面をキープするため、ボードのセンターにカラダを置く。つまり、カラダの垂直軸を保つことがポイントだ。後傾になったり頭が傾くとバランスが悪くなる。

MENU 2

バックサイド・ボード・スライド

カラダのひねりと
後ろ足の蹴り出し

スピードコントロールしながらプレスし、カラダのひねりを使って後ろ足を蹴り出していく。カラダの逆ひねりをしっかり使い、着地ではひねり戻して着地する。

パークにはBOXがあります。章頭に紹介しているグラトリのテールマニュアルやノーズマニュアル、プレススライドなどが身についていたら、チャレンジしても良いでしょう。BOXは、ワイドな形状ほど優しく、細くなると難しくなります。まずは幅の広い初心者向けで練習します。BOXに入るときは、スピードをコントロールしてアプローチします。BOXに入ったらエッジを立てないよう注意しましょう。

MENU 3

フロントサイド・ボード・スライド

**前足軸でひねり
後ろ足を蹴る**

カラダの位置を変えないように、前足を軸にカラダをひねり、後ろ足を蹴るようにしてボードを横にしていく。肩が下がるとエッジが立って抜けるので頭を起こそう。

MENU 4

テールマニュアル

**前傾して胸を向け
ノーズを浮かす**

BOXに乗ったと同時に後ろ足に体重を乗せる。前傾して胸を進行方向に向けてノーズを浮かそう。後傾にならないよう注意し、着地は両足が基本だ。

MENU 5

ノーズマニュアル

**前の手を出して
テールを浮かす**

BOXに乗ったと同時に前足に体重を乗せ、前の手を前方に出すようにしてテールを浮かす。BOXが終わるところで、ヒザを使ってタイミング良く弾いて両足で着地する。

**稲川光伸の
ワンポイントアドバイス！**

BOXではエッジを
立てないように注意し、
滑走面をBOXに対して
フラットにしよう！

ここに注目

☐ スピードをコントロールしてアプローチする
☐ エッジを立てずに滑走面で滑る
☐ グラトリで練習しておく

稲川光伸
（いながわみつのぶ）

「フリーラン」のスペシャリスト。カービングターンから不整地、コブ斜面まで、全地形対応オールラウンダーとして洗練されたテクニックと表現力、豊富なレッスン経験から生まれる独自の理論を持つ。現在、JWSC全日本ウィンタースポーツ専門学校で講師を兼任。JSBA公認「妙高山スノーボードスクール」、JSBA公認「月山スノーボードスクール」を運営。トップシーズンは妙高赤倉にて、春から秋までは月山スキー場、乗鞍大雪渓、ふじてんサマーゲレンデにて、楽しく上達できるスノーボードキャンプを1年中開催している。現役選手、レッスンプロ、メディアプロとして活躍中。

YouTubeチャンネルでもHow toや面白いスノーボード企画を更新中。
https://www.youtube.com/user/biryukai

■スポンサー
OGASAKA SNOWBOARDS、PeakPerformance、DEELUXE、FluxBindings、HESTRA、SMITH、GALLIUM、SUPERfeet、Snoman、natureguide、applerind、スノサウルス、全日本ウィンタースポーツ専門学校

■WEBSITE
妙高山スノーボードスクール
http://www.myoko3.com

月山スノーボードスクール
http://www.gas3.net

ALL動画

こちらのQRから、各ページで紹介したすべての動画を続けてご覧いただけます。

動画URL
https://youtu.be/
FhFN9Viv5Z8

よしだ みわ
吉田美和

■スポンサー

OGASAKA SNOWBOARDS、PeakPerformance、
HESTRA、bolle、Snoman、applerind

STAFF
●編集
　株式会社多聞堂

●取材・構成
　城所大輔

●スチール撮影
　金子雄爾

●動画制作・映像撮影
　前島一男

●デザイン
　田中図案室

●協力
　赤倉温泉スキー場
　赤倉観光リゾートスキー場
　妙高山スノーボードスクール
　ほてる千家

スノーボード　フリーラン最強テクニック
動画で身につくプロのスキル

2021 年 10 月 30 日　　第 1 版・第 1 刷発行

監修者　稲川　光伸　（いながわ　みつのぶ）
発行者　株式会社メイツユニバーサルコンテンツ
　　　　代表者　三渡　治
　　　　〒 102-0093 東京都千代田区平河町一丁目 1-8
印　刷　株式会社厚徳社

ご意見・ご感想はホームページから承っております。
ウェブサイト　https://www.mates-publishing.co.jp/

編集長:堀明研斗　企画担当:堀明研斗

※本書は2016年発行の『DVDで完全マスター！スノーボードフリーラン最強テクニッ
　ク』の動画コンテンツの視聴方法と書名を変更して新たに発行したものです。